PETIT TRAITÉ

DE

PRONONCIATION ANGLAISE

RÉDUIT EN HUIT LEÇONS

PAR

A. C. ABEILLE.

PRIX: 1ᶠʳ 50ᶜ

PARIS

PERISSE FRÈRES, libraires-éditeurs,
rue du Petit-Bourbon, 18.

MAIRE-NYON, libraire-éditeur,
quai de Conti, 13.

Dépôt: chez M. Julian Carrion, professeur d'espagnol, rue Bailleul 9.

1847

IMPRIMERIE ET LITHOGRAPHIE DE MAULDE ET RENOU
Rue Bailleul, n° 9-11, près du Louvre.

PETIT TRAITÉ

DE

PRONONCIATION ANGLAISE

RÉDUIT EN HUIT LEÇONS

PAR

A. C. ABEILLE.

PARIS

PERISSE FRÈRES, libraires-éditeurs,   **MAIRE-NYON**, libraire-éditeur,
rue du Petit-Bourbon, 18.   quai de Conti, 13.

Dépôt : chez M. Julian Carrion, professeur d'espagnol. rue Bailleul. 9.

1847

Tous les exemplaires sont revêtus de la signature de l'auteur.

PRÉFACE.

Tout en offrant ce petit ouvrage à ceux de mes compatriotes désireux d'acquérir la connaissance de la langue anglaise, je crois devoir leur apprendre que ce n'a été qu'après environ vingt années de séjour en Angleterre, et passées dans l'enseignement, que je me suis déterminé à cette entreprise. Ma profession dans ce pays m'a mis à même d'étudier le génie de la langue anglaise, et d'en connaitre les difficultés, qui consistent principalement dans la prononciation et dans les idiotismes (*).

Je crois pouvoir assurer qu'on trouvera aussi simple qu'explicite la manière dont je m'y suis pris pour donner une connaissance aussi exacte que possible de la prononciation anglaise. On verra qu'il n'est pas d'émission de voix dans cette langue que l'on ne puisse facilement se représenter par le moyen d'un son français parfaitement semblable, ou du moins qui en approche de manière à former une prononciation, je ne dirai pas seulement intelligible, mais

(*) Si ce premier numéro est accueilli comme l'auteur le désire et l'espère, il sera suivi, sous peu, de deux autres. l'un traitant des *idiotismes* et l'autre de la partie *grammaticale*.

satisfaisante pour tout autre que pour celui qui voudrait parler cette langue comme un Anglais; ce qui est peu nécessaire, et je puis assurer presqu'impossible, même après des années passées dans le pays.

Au contraire, j'ai lieu de croire qu'au moyen de cet ouvrage, étudié avec soin, on pourra acquérir une prononciation qui passera pour correcte dans la bouche d'un étranger.

Je termine en faisant observer qu'avec un peu de préparation, on pourrait, sans une connaissance pratique de l'anglais, faire faire à de jeunes élèves les premiers pas dans l'étude de cette langue. On se contenterait d'abord de leur faire apprendre les observations préliminaires et le Vocabulaire, laissant les règles pour plus tard.

Le moyen le plus sûr et le plus satisfaisant, comme aussi le plus simple de s'assurer du petit mérite de cet ouvrage, c'est de faire lire par un Français, ne sachant pas *du tout* d'anglais (c'est pour eux que j'écris), les mots les plus difficiles qu'on pourra choisir dans le *Vocabulaire,* page 35.

Le Français lira dans la 3ᵐᵉ colonne, selon la prononciation donnée (combinaison basée sur les règles déjà apprises), et une personne anglaise qui saura le français ne manquera pas de dire le français de ces mots sans y regarder; la preuve sera convainquante.

OBSERVATIONS PRÉLIMINAIRES.

RÈGLES GÉNÉRALES.

Observez bien qu'en anglais :

1° Les consonnes finales se prononcent très fortement ; exemple : *pot*, pluriel *pots* (pots), se prononce comme s'il y avait *pott, pottsse ; glass* (verre), pluriel *glasses*, se prononce *glass, glassesse*, etc.

2° Il n'y a point de son nasal : *long* (long), *grand* (grand), se prononcent *longg, grandd*.

3° *Ch, Sh, G..., J.* — Le *ch* se prononce comme s'il y avait *tch ;* exemple *chapter*, prononcez *tchapter ; much* (beaucoup), prononcez *meutch*. — Le *sh* se prononce comme le *ch* en français ; *short* (court), prononcez *chortt :* et *G* et *J* se prononcent *dg*, comme *j* dans le mot *adjectif*.

4° La plupart de nos adjectifs français en *tient* et *cient*, tels que *patient, ancien*, et presque tous les substantifs en *tion, sion* ou *cion*, sont aussi anglais ; mais il faut bien observer que *ti, si* ou *ci*, se prononcent *ch* (*) ; exemple, *ancient, attention*, prononcez *ennchenntt, attennchonn*, l'*i* comme on voit s'élide (**)

(*) L'*i* se supprimant entièrement dans la prononciation.

(**) Cependant si le *t* dans *tion* est précédé de *s*, prononcez comme en français : exemple, *question* (question), prononcez *question*.

5° Dans les finales en *able, oble, eble*, le *bl* se prononce très fortement: *abble, ibble;* exemple, *nobble, terribble;* les mots ainsi terminés sont les mêmes dans les deux langues.

6° *To.* — Cette particule devant un verbe, dont l'initiale est une consonne, se prononce très brièvement, presque comme *te* français: dans les autres cas elle se prononce *tou;* exemple, *to pass* (passer), *to Paris* (à Paris), prononcez *te pass, tou Paris.*

7° *E.* — Observez très particulièrement que dans les finales des mots en *er*, *e* a toujours le son de *e* muet et le *r* se prononce. (Cette observation est très importante.)

8° *Im, in*, se prononcent comme dans *immortel, innocent.*

9° L'*i* se supprime dans les mots, *should, could* et *would* (verbes auxil.), et dans *calf* (veau), *half* (moitié).

N. B. — Avec les leçons suivantes, apprendre aussi le *Vocabulaire*, p. 35.

DES VOYELLES.

PREMIÈRE LEÇON.

A anglais correspond aux trois sons français *a*, *é*, *à*.

Il se prononce comme *a* :

	Exemples.	Prononciation.	Signification.
1° Quand il est initiale d'un mot (*) :	Animal.	*Animall.*	Animal.
2° Dans les syllabes non terminées par *e* muet (ce son de l'*a* est le plus fréquent):	Mad. Cap.	*Madd.* *Capp.*	Enragé. Bonnet.

(*) Excepté *amiable* (aimable), qui fait *emiebble*, et l'article *a* ou *an* (un, une), qui fait *é*, *enn*.

Comme *é :*	Exemples.	Prononcez	Significations.
1° Devant les syllabes terminées par *e* muet (*) :	Made. Cape.	*Méde.* *Képe.*	Fait, faite. Cap.
2° Dans les finales des mots en *ance, able, ace, age, ate, ating, ageous, agious, acious, atient :*	Assistance. Capable, To place. Courage. To abate. Abating. Courageous. Contagious. Audacious. Patient.	*Assistennce.* *Képébble.* *Te pléce.* *Coredge.* *Tou abéte.* *Abétingg.* *Corédjous.* *Contédjieus.* *Audéchiouss.* *Péchenntt.*	Assistance. Capable. Placer. Courage. Rabattre. Rabattant. Courageux. Contagieux. Audacieux. Patient.
3° Prononcez aussi comme *é*, les diphtongues *ai, ay, ei, ey* (**) :	Vain. Gay. Vein. Journey.	*Vénn.* *Gué.* *Vénn.* *Djourné.*	Vain. Gai. Veine. Voyage.

(*) Dans *we are, you are, they are* (nous sommes, vous êtes, ils sont), *a* se prononce comme *a* français dans *barre* ; et en général, suivi de *r*, l'anglais a un son prolongé.

(**) Précédée de *c*, la diphtongue *ei* se prononce comme *i* ; exemple, *to receive* (recevoir) ; *to perceive* (apercevoir) ; *to conceive* (concevoir), *ceiling* (plafond), prononcez *recive, percive, concive, cîlinn, etc.*

	Exemples	Prononciation.	Signification.
Comme *â :*			
1° Devant *ll, lt, lk :*	All.	*âll.*	Tout.
	Altar.	*âltar.*	Autel.
	To talk.	*To tâuq.*	Converser.
2° Devant *w* et dans *au :*	Law.	*Lâ.*	Loi.
	Awful.	*âfoul.*	Etonnant.
	Auspice.	*âsspice.*	Auspice.

SECONDE LEÇON.

E anglais correspond à quatre sons français, *é, è, e, i :*

Il se prononce comme *é :*

	Exemples	Prononciation.	Signification.
1° Quand il est initiale d'un mot :	Error (*).	*Error.*	Erreur.
2° Devant *l, r* (**), *s :*	Cellar.	*Cellar.*	Cave.
	Consternation.	*Consternéchon.*	Consternation.
	Possession.	*Possesschon.*	Possession.
3° Dans les finales en *ent,* et *ence,* (ce son de l'*e* est de beaucoup le plus fréquent) :	Content.	*Contennt.*	Content.
	Prudent.	*Prudennt.*	Prudent.

(*) Il faut en excepter les mots *even* (même), et *evening* (soir, soirée), où il se prononce *i : iven, ivéninng; here* (ici), fait *hire,* mais *there* (là), fait *thére.*

(**) Au milieu des mots dérivés du français, *er* fait *èr* ; mais final il fait toujours *er* (muet). — Voyez leçons préliminaires, t. 7

	Exemples.	Prononciation.	Signification.
Comme *é* :			
Ce son a lieu dans les finales en *ess* :	Distress.	*Distress.*	Détresse.
Comme *e* muet :			
1° A la fin des mots :	Apple.	*Apple.*	Pomme.
	Porter.	*Porte-r* (*).	Bière.
	Garden.	*Garde-n.*	Jardin.
2° Dans les finales en *er, en, ed* :	Opened.	*Opene-d.*	Ouvert.
	Never.	*Neve-r.*	Jamais.
Comme *i* :	Oven.	*Ove-n.*	Four.
Dans les monosyllabes, tels que *the* (le), *to be*	He, she.	*Hi chi.*	Il, elle.
(être), prononcez *thi, te bi* :	Me, we.	*Mi, oui.*	Moi, nous.
Prononcez comme *î* long :			
1° La diphtongue *ee* :	To see.	*To si.*	Voir.
	Beer.	*Bir.*	Bière.
2° Celle en *ei* quand elle est précédée de *c*.	To receive.	*To recive.*	Recevoir.
	To perceive.	*To Percive.*	Percevoir.
	Chief.	*Tchiff.*	Chef.
3° Les finales en *ief* :	Thief.	*Thiff.*	Voleur.
	Grief.	*Griff.*	Douleur.

(*) Ce trait (-) est pour rappeler qu'il faut prononcer l'*e* comme muet (e..

TROISIÈME LEÇON.

	Exemples.	Prononciation.	Signification.

I anglais a trois sons, *i, aï* (*), *e* .

Il se prononce comme *i :*

1° Dans les substantifs dérivés du français (**) :
- Compliment. — *Complimennt.* — Compliment.
- Legible. — *Lidgible.* — Lisible.

2° Devant les doubles consonnes (***) :
- Ill. — *Ill.* — Malade.

3° Dans les finales non terminées par *e* muet :
- Cousin. — *Cosinn.* — Cousin.
- Liquid. — *Licouidd.* — Liquide.
- Passing. — *Passingu.* — Passant.

4° Dans les finales des adjectifs en *ive, ible*, et dans leurs adverbes ; ce son est le plus fréquent :
- Active. — *Active.* — Actif.
- Actively. — *Activeté.* — Activement.
- Risible. — *Risibblle.* — Risible.

*) Ce son se trouve dans nos mots *maïs haïr* ; mais il est important d'observer qu'il faut prolonger *a* et laisser tomber la voix faiblement sur *i*; ainsi ne prononcez pas *aï*, mais *aï*.

(**) Cependant dans *library* (bibliothèque) il se prononce *laïbrere*.

(***) On peut dire qu'en général *i* anglais devant une double consonne, se prononce comme *i* français; cependant dans les monosyllabes en *ind*, il fait *aï*, exemple, *mind* esprit, *blind* (aveugle): *to find* (trouver), *sing* (signe), *kind* (obligeant), prononcez *maïnnd, blaïnd*, etc.

N. B — Dans le verbe *to live* (vivre) *i* fait *i* ; mais dans *life* (vie) et *lives* (vies) il fait *aï. I* dans *quitts* (quitte) se prononce comme *i* français, *couitts* ; mais dans *quite* (tout à fait) il fait *aï*, prononcez donc *couaïte*.
Dans *opposite*, il se prononce *i*. Dans *in* et *im*, il se prononce toujours comme dans *innocent, immortel*.

Comme *aï* :

	Exemples.	Prononciation.	Signification.
1° Au commencement d'un mot, quand il fait syllabe à lui seul :	I.	*Aï.*	Je, moi.
	Ile.	*Aïle.*	Ile.
	Iron.	*Aïron.*	Fer.
	Ivory.	*Aïvoré.*	Ivoire.
	Lively.	*Laïvelé.*	Gaîment.
2° Dans les finales en *e* muet, en *iser*, *ider*, et aussi devant les finales en *ing* :	Appetite.	*Appetaïte.*	Appétit.
	To dine.	*Te daïne.*	Dinner.
	To rise.	*Te raïse.*	Se lever.
	To devide.	*Te divaïde.*	Diviser.
	To contrive.	*Te contraïve.*	Concerter.
	Riser.	*Raïser.*	Qui lève.
	Divider.	*Divaïder.*	Qui divise.
	Dining.	*Daïningu.*	Dinant.
	Dividing.	*Divaïdingu.*	Divisant.
3° Devant *gh* (le *gh* ne se prononce pas) :	Light.	*Laïtt.*	Lumière.
	Fight.	*Faïtt.*	Combat.
Comme *e* muet :	Sir.	*Ser.*	Monsieur.
	Shirt.	*Chert.*	Chemise.
Ce son se trouve dans les monosyllabes en *ir* :	First.	*Fe-rst.*	Premier,
	Third.	*The-rd.*	Troisième.
	Thirst.	*The-rst.*	Soif.

QUATRIÈME LEÇON.

O anglais correspond à deux sons français, *o* (dans bonne) etc., *ô* (dans vôtre) :

Il se prononce *o* :

	Exemples.	Prononciation.	Signification.
1° Dans les monosyllabes et dans les mots non terminés par *e* muet :	Sot.	*Sott.*	Sot.
	Pot.	*Pott.*	Pôt.
	Second.	*Séconndd.*	Second.
2° Devant deux consonnes :	Mother.	*Mother* (*).	Mère.

Il se prononce *ô* :

	Exemples.	Prononciation.	Signification.
1° Dans les syllabes terminées en *e* muet (**) :	Gone.	*Gône.*	Allée.
	Bone.	*Bône.*	Os.
2° Quand il fait syllabe à lui seul au commencement d'un mot :	Obedient	*ôbédiennt.*	Obéissant.
	Omen (*aigu*).	*ôménn.*	Présage.
3° Observez que la diphthongue *oa* fait toujours *ô* :	Road.	*Rôde.*	Chemin.
	Groand.	*Grônn.*	Gémissement.

(*) Prononcez presque *mather*.

(**) Excepté celles en *ome*, *ove*, où il se prononce comme *o* dans *bonne*: exemples, *some* (du, de la, des), *to come* (venir) *love* (amour), *to love* (aimer), *dove* (colombe). Dans *to move* (remuer), prononcez-le comme *ou*, *té mouve*.

Diphthongues *oi* et *oy* :

	Exemples.	Prononciation.	Signification.
Ces diphthongues se prononcent comme nous prononcerions *oy* dans *oyez*, impératif de l'ancien verbe *ouïr:* disons, comme dans *oï*, (*õi*) (*):	Toy.	*Toï.*	Joujou.
	Oil.	*Oïlle.*	Huile.
	Joy.	*Djoï.*	Joie.
	To destroy.	*Te destroï.*	Détruire.

Diphthongue *ou* :

	Exemples.	Prononciation.	Signification.
Cette diphthongue est très capricieuse ; aussi en parlerons-nous plus au long autre part ; ici nous observerons seulement que la syllabe *ou* des mots dérivés du français se prononce ô :	Favour.	*Févôr.*	Faveur.
	Honour.	*Honôr.*	Honneur.
	Parlour.	*Parlor.*	Parloir.
	Court.	*Côrt.*	Cour.

Observez que dans les finales des adjectifs en *ous*, qui sont presque tous dérivés du français, *ou* fait *eu*, generous, capricious, etc., prononcez, *djénéreuss, képricheus*, etc.

Ou suivi de *gh* se prononce comme *o* , *enough* (assez), *cough* (toux), prononcez *énoff, coff.*

(*) Dans *boy* (garçon), *oy* fait *oé*, prononcez *boé.*

	Exemples.	Prononciation.	Signification.
Le *oo* anglais se prononce généralement comme *ou* français :	Cook.	*Couck.*	Cuisinier.
	Boots.	*Boutts.*	Bottes.
Cependant, suivie de *r* prononcez comme *ô* :	Door.	*Dôr.*	Porte.
	Floor.	*Flôr.*	Plancher.
Suivie de *d*, prononcez comme *eu* français (*) :	Flood.	*Fleudd.*	Déluge.
	Blood.	*Bleud.*	Sang.

CINQUIÈME LEÇON.

U anglais a deux sons *eu*, *iöu* (**) :

Il se prononce comme *eu* :

1° Dans les monosyllabes non terminées par *e* muet :	Gun.	*Gueunn.*	Fusil.
	Tub.	*Teubb.*	Cuve.
	Much.	*Meutch.*	Beaucoup.
	Us.	*Eus.*	Nous.

(*) *Soot* (suie) fait seul : *suit* (procès) et *to suit* (convenir) font *sout* : *oe* dans *potatoes* pomme de terre) se prononce *e*, *peutateuss*.

N. B.—*Shoes* (souliers), prononcez *chouss*; *women* (femme), prononcez *oumenn* (*e* muet), et au pluriel *women*, prononcez *ouimenn* (*e* aigu)

(**) Prononcez *iöu* en passant rapidement sur l'*i* et appuyant sur *öu* ; *i-öu*, et non pas *iöu*.

	Exemples.	Prononciation.	Signification.
2° Devant deux ou plusieurs consonnes :	Justice. Surprise. Purple.	*Djeustiss.* *Seurpraïse.* *Peurpel.*	Justice. Surprise. Pourpre.
3° Quand il est précédé de *l* ou *r* :	Lunatic. Lump. To run.	*Lunaticq.* *Leumpp.* *Te reun* (*).	Lunatique. Masse. Courir.

Comme *iôu* :

1° Au commencement d'un mot quand il fait syllabe à lui seul :	Use. Universe. Unity.	*Ioûse.* *Ioûniversse.* *Ioûnité.*	Usage. Univers. Unité.
2° Dans les finales en *e* muet (**) :	Tube. To use. To Reduce. To indure. To dispute.	*Tioûbe.* *Te ioûse.* *Te rédioûce.* *Te indioûre.* *Te dispioûte.*	Tube. Se servir de. Réduire. Endurer. Disputer.

(*) Cependant dans *rude* (grossier), et *rule* (règle), prononcez *u* come *ou* ; *ronde, ronle* : *u* fait aussi *ou* dans *to pull* (tirer), et dans *full* (plein), *useful* (utile), etc.; prononcez ce dernier *iousefoull*.

(**) Cependant *flute* (flûte), se prononce *floute*.

OBSERVATIONS. 1° Dans les finales des verbes en *uish*, prononcez *euich* ; *to distinguich* (distinguer), prononcez *te distingueuish*, ces verbes sont très nombreux. 2° Les finales en *tu, ture, tual* se prononcent comme s'il y avait *tcheu, tcheure, tchual* ; exemples; *virtue* (vertu), *nature* (nature), *scripture* (sainte-écriture), *habitual* (habituel), *mutual* (mutuel), et leurs dérivatifs : *natural* et *virtuous*, prononcez *virtcheu, natcheure, natcheur*, *i tcheueuss*.

	Exemples.	Prononciation.	Signification.
Ue dans les monosyllabes se prononce *ou :*	Blue.	*Blou.*	Bleu.
	True.	*Trou.*	Vrai.
	To sue.	*Te sou.*	Poursuivre.
Enfin, **w** et **wh**, au commencement d'un mot, et suivis d'une voyelle, font *ou :*	Water.	*Ouater.*	Eau.
	Well.	*Ouell.*	Bien.
	What.	*Ouatt.*	Que.
Suivi de *r*, **w** s'élide entièrement :	Wrong.	*Rong.*	Mal.
	To write.	*Te raïte..*	Écrire.

SIXIÈME LEÇON.

Y anglais a trois sons, *i*, *aï* (*), *é :*

Il se prononce comme *i :*

1° Au commencement des mots où il fait syllabe à lui seul.	Young.	*I-ôngg.*	Jeune.
	Yes.	*I-ess.*	Oui.
	Year.	*I-err.*	Année.

(*) Il faut prolonger *a* et laisser tomber faiblement la voix sur la lettre *i* ; ne prononcez pas *aï*, mais *âi*.

	Exemples.	Prononciation.	Signification.

Comme aï :

1° Il a ce son dans les monosyllabes terminés en *y* :

My.	*Maï.*	Mon, ma, mes.
Thy.	*Thaï.*	Ton, ta, tes.
Fly.	*Flaï.*	Mouche.

2° Dans les finales des verbes, venant du français, en *fy, ply* (*) :

To purify.	*Te piourifaï.*	Purifier.
To apply.	*Te applaï.*	Appliquer.
To rectify.	*Te rectifaï.*	Rectifier.

Comme é :

1° Dans les finales des substantifs en *day, dy, cy, ly, ley, my, ney, ty, try, ry* :

Monday.	*Monndé.*	Lundi.
Body.	*Bodé.*	Corps.
Piracy.	*Piracé.*	Piraterie.
Folly.	*Follé.*	Folie.
Pulley.	*Poullé.*	Poulie.
Alley.	*Allé.*	Allée.
Army.	*Armé.*	Armée.
Jony.	*Djôrné.*	Voyage.
Pretty.	*Prellé.*	Joli.
Country.	*Ennvé.*	Campagne.
Envy.	*Te ennvé.*	Jalousie.

(*) Dans les mots *ally* (allié), *to rely* (compter sur), *y* fait *aï*; mais il fait *é* dans *relay* (relais), *to allay* (soulager, et *to rally* » moquer de).

Observez que *y*, suivi de *i*, se prononce comme *aï*, et l'*i* qui le suit comme *i* français ; exemples, *dying* (mourant), *spying* (espionnant), prononcez *daï-ing, spaï ing. Lady* (dame), se prononce *lédé*; *eye* (œil), se prononce *aï*; exemple, *my eye* (mon œil) prononcez *maï aï*. La diphtongue *ei* se prononce *aï*; exemple, *pei*, prononcez *paï* (pâte).

	Exemples	Prononciation.	Signification.
2° Dans les finales des verbes en *ry, vey :*	To envy.	*Te ennvé.*	Envier.
	To convey.	*Te convé.*	Transporter.
	To survey	*Te survé.*	Arpenter.

SEPTIÈME LEÇON.

	Exemples	Prononciation	Signification
1° *B* se prononce fortement, voyez ce qui en a été dit dans les observations préliminaires :	Able.	*Abble.*	Capable.
	Noble (*).	*Nobble.*	Noble.
2° *Ch*, voyez observations préliminaires :	Such (**).	*Seutch.*	Tel.
3° *Ga, go, gu*, ou *gha, gho, ghu*, et qui se prononcent *ga, go*, etc.:	Gage.	*Gédge.*	Gage.
	Gardener.	*Gardener.*	Jardinier.
	Ghost.	*Gosstt.*	Fantôme.
	Guide.	*Gaïde.*	Guide.

(*) *B* ne se fait pas sentir dans *debt* (dette), *doubt* (doute), *lamb* (agneau), *comb* (peigne), *womb* (matrice), et quelques autres.

(**) *Ch* dans la syllabe *arch*, suivi d'une consonne, se prononce *tch*; mais devant une voyelle il fait *k*, ainsi que dans les mots dérivés du grec; il fait *tch* dans *archbishop* (archevêque), et *k* dans *archangel* (archange), *chemist* (chimiste), prononcé *kimistt*. Dans *chaise, machine*, et quelques autres mots adoptés du français, le *ch* se prononce comme en français.

	Exemples.	Prononciation.	Signification.
4° *Ge*, *gi*, se prononcent *dge*, *dgi*, dans les mots dérivés du français ; mais dans quelques uns qui ne le sont pas, le *g* a le son dur, comme dans *gui*. Voyez les trois derniers exemples (*):	Gender.	*Djennder.*	Genre.
	General.	*Dgénéral.*	Général.
	Generous.	*Dgénérous.*	Généreux.
	To give.	*Te guive.*	Donner,
	Gift	*Guift.*	Don.
	Gig.	*Guigg.*	Cabriolet.
5° *Gh* précédé de *i* ne se prononce jamais, et l'*i* qui précède se prononce *aï :*	Light	*Laïtt.*	Lumière.
	Night.	*Naïtt.*	Nuit.
	High.	*Haï.*	Haut.
6° *Gh*, final d'un mot, s'il n'est pas précédé de *i* se prononce le plus souvent comme *ff :*	Rough.	*Roff.*	Rude.
	Enough.	*Énof.*	Assez,
	Cough.	*Coff.*	Toux,
7° Dans les finales en *ough augh*, le *gh* s'élide, et le *t* se fait sentir, s'il se trouve après ces finales (**):	Tought.	*Thôtt.*	Pensée.
	Bought.	*Bôtt.*	Acheté.
	Caught.	*Côtt.*	Attrapé.
8° *K*, suivi de *n*, se supprime entièrement :	To know.	*Tou nô.*	Savoir.
	Knave.	*Nêve.*	Trompeur.

(*) Cependant *gi* initial, suivi de *n*, se prononce *dgi*, comme *gin* (genièvre). Il est important d'observer que *gui* dans les finales des verbes en *guish*, qui sont très nombreux, se prononce *gueui*, comme *to distinguish* (distinguer), prononcez *te distinnguewish*.

(**) *Gh* s'élide également dans *borough* (bourg), prononcez *borô*, et dans *though* (quoique), prononcez *thô*.

	Exemples.	Prononciation.	Signification.
9° *MN* se prononce fortement et séparément :	Condémnétion.	*Condémnétion* (*).	Comdamnatiou.
10° Mais *n* se fait à peine sentir dans :	To condemn.	*Te condémn.*	Comdamner.
11° *Qua, que, qui* se prononcent *qoua, qoue, qoui :*	Quadrant. Conquest. Quite.	*Couadrantt.* *Conncuouesstt.* *Couaïte.*	Cadran. Conquête Tout-à-fait.

HUITIÈME LEÇON.

Du *Th* anglais :

La prononciation du *th* anglais n'a similitude avec aucun des sons de la voix française ; mais il peut fort bien se comparer au son émis par les personnes qui blèsent, c'est à dire, qui produisent quand elles veulent prononcer *da, di, de, du,* des sons qui feraient croire que leur langue se trouve placée et forcée entre les dents, au moment où l'émission de ces sons a lieu ; et c'est précisément ce qu'il faut faire pour prononcer le *th* comme les anglais. Placez donc tant soit peu le bout de la langue entre les dents, du haut et du bas de la bouche ; prononcez *da, de, di, do, du ; daôu* en retirant la langue, et vous ne pouvez manquer de produire le son du *th* des anglais :

(*) Comme s'il y avait *demm-nétion.* - Se rappeler que *tion* se prononce *chion.* voir leçons preliminaires. n° 5

Je donne pour exemples presque tous les mots qui contiennent le *th*, pour que l'étudiant s'exerce à les prononcer, et qu'il se les rende familiers:

Exemples.	Prononciation.	Signification.	Exemples.	Prononciation.	Signification.
The.	*De*.	Le, la, les.	Them.	*Dem*.	Eux, elles.
That.	*Dat*.	Celui-la, cela.	Thus.	*Deus*.	Ainsi.
This.	*Dis*.	Celui-ci.	Thick.	*Dick*.	Épais.
These.	*Dise*.	Ceux-ci.	Thief.	*Diff*.	Voleur.
Those.	*Dose*.	Ceux-la.	Thunder (*).	*Dunder*.	Tonnerre.
Thou.	*Dahu*.	Tu.	Father (*).	*Fader*.	Père.
Then.	*Denn*.	Alors.	Mother (*).	*Moder*.	Mère.
Thence.	*Dennce*.	De là.	With.	*Ouid*.	Avec.
There.	*Dère*.	Là	Weather (*).	*Ouéder*.	Le temps.
Thee.	*Dee*.	Toi.	Wether (*).	*Oueder*.	Lequel.
Thy.	*Daï*.	Ton, ta, tes,	Bath.	*Bâd*.	Bain.
Thine.	*Daïne*.	Le tien, etc.	Strength.	*Strenggd*.	Force.
They.	*Déi*.	Ils, eux, elles.	Lhengt.	*Linggd*.	Longueur.
Their.	*Dér*.	Leur.			

(*) On n'a pas oublié que dans le finale *er* l'*e* est muet.

TABLEAUX

POUR SERVIR DE PRATIQUE SUR LES PRINCIPALES DIFFICULTÉS DE LA PRONONCIATION ANGLAISE.

DE LA DIPHTHONGUE *EA*.

PRONONCEZ		PRONONCEZ		PRONONCEZ	
Comme *i*.	Comme *é*.	Comme *i*.	Comme *é*.	Comme *i*.	Comme *é*.
To appease.	»	Clear.	»	Each.	»
Appaiser.	»	*Clair.*	»	*Chaque.*	»
To appear.	»	Cheat.	»	Eager.	»
Paraître.	»	*Trompeur.*	»	*Empressé.*	»
Beard.	Bear.	Creature (*).	»	Ear.	»
Barbe.	*Ours.*	*Créature.*	»	*Oreille.*	»
Beast.	Breath.	Dear.	Dead.	Ease.	»
Bête.	*Haleine.*	*Cher.*	*Mort.*	*Aise.*	»
Cream.	»	Dream.	Death.	Easy.	»
Crème.	»	*Rêve.*	*La mort.*	*Aise.*	»
Cheap.	»	Grease.	Great.	East.	»
Bon marché.	»	*Graisse.*	*Grand.*	*L'est.*	»

(*) *Tu* dans les finales en *tu* se prononce *tchu*, lirez donc *critchure*.

N.B.—N'apprendre dans ces tableaux d'abord que les mots les plus usités

| PRONONCEZ | | PRONONCEZ | | PRONONCEZ | |
Comme i.	Comme e.	Comme i.	Comme e.	Comme i.	Comme e.
To eat.	»	Mean.	Measure.	Reason.	»
Manger.	»	*Mesquin.*	*Mesure.*	*Raison.*	»
Flea.	Forehead.	To mean.	Meadow.	Sea.	To sweat.
Puce.	*Front.*	*Signifier.*	*Prairie.*	*Mer.*	*Transpirer.*
Fear.	Feather.	Near.	Meant.	Seat.	To swear.
Crainte.	*Plume.*	*Près.*	Prét. de to mean.	*Siége.*	*Jurer.*
Feat.	»	Neat.	»	Steam.	Steady.
Exploit.	»	*Propre.*	»	*Vapeur.*	*Appliqué.*
Feast.	»	To please.	Pear.	Tea.	To threat.
Fête.	»	*Plaire.*	*Poire.*	*Thé.*	*Menacer.*
Features.	Great.	Peas.	»	Treason.	Thread.
Les traits.	*Grand.*	*Des pois.*	»	*Trahison.*	*Du fil.*
Heap.	Head.	Peace.	»	Tears.	To tear.
Tas.	*Tête.*	*Paix.*	»	*Larmes.*	*Déchirer.*
To hear.	Health.	Peal.	»	Teats.	Treasure.
Entendre.	*Santé.*	*Carrillon.*	»	*Mamelles.*	*Trésor.*
Least.	Endeavour.	Peach.	»	Veal.	To tread.
Moindre.	*Effort.*	*Pêche.*	»	*Veau.*	*Fouler.*
To lead.	Lead.	Peacock.	»	Weak.	To weary.
Conduire.	*Plomb.*	*Paon.*	»	*Faible.*	*Ennuyer.*
Meal.	Leather	To read.	Ready.	Zeal.	Weariness.
Repas.	*Cuir.*	*Lire.*	*Prêt.*	*Zèle.*	*Ennui.*
Meat.	Lineage.	To reap.	»	Yeast.	»
Viande.	*Descendans.*	*Faire moisson.*	»	*Le vain.*	»

DE LA DIPHTHONGUE *OW.*

PRONONCEZ

Comme o.	Comme aôu.
Arrow.	To allow.
Flèche.	*Permettre.*
Bow.	Bow.
Arc.	*Salut.*
Bellows.	To avow.
Soufflet.	*Avouer.*
Bowl.	Bowels.
Boule.	*Entrailles.*
Blow.	Brown.
Coup.	*Brun.*
To Borrow.	Clown.
Emprunter.	*Rustre.*
To Bestow.	Cow.
Accorder.	*Vache.*
Cowslip.	Crown.
Primevère.	*Couronne.*
Crow.	Crowd.
Corbeau.	*Foule.*
Down.	Down.
Duvet.	*En bas.*
Drowsy.	Eye brow.
Assoupi.	*Sourcil.*

PRONONCEZ

Comme o.	Comme aôu.
To fallow.	To drown.
Labourer.	*Noyer.*
Fellow.	Flower.
Compagnon.	*Fleur.*
To follow	Fowl.
Suivre.	*Volaille.*
To Flow.	To frown.
Couler.	*Sourciller.*
To glow.	Gown.
Luire.	*Robe.*
To grow.	To growl.
Croître.	*Grogner.*
Hollow.	To howl.
Creux.	*Hurler.*
To hallow.	How.
Consacrer.	*Comment.*
To know.	Now.
Savoir.	*A présent.*
Low.	Owl.
Bas.	*Hibou.*
Meadow.	Power.
Prairie.	*Pouvoir.*
To mow.	Powder.
Faucher.	*Poudre.*

PRONONCEZ

Comme o.	Comme aôu.
The marrow.	»
Le lendemain.	»
Narrow.	»
Etroit.	»
To owe.	»
Devoir.	»
Own.	»
Propre.	To prowl.
Prowess.	Roder.
Prouesse.	»
To owe.	»
Avouer.	»
Rainbow.	»
Arc-en-ciel.	»
A row.	Row.
Une rangée.	*Tapage.*
Shallow.	Sow.
Vide.	*Truie.*
Swallow.	Shower.
Hirondelle.	*Une ondée.*
To swallow.	Town.
Avaler.	*Ville.*
Snow.	Tower.
Neige.	*Tour.*

DE LA DIPHTHONGUE *UI.*

PRONONCEZ

Comme ô.	Comme août.
›	Stout.
›	*Gras.*
›	Spouse.
›	*Epouse.*
›	Spout.
›	*Egout.*
›	Thou.
›	*Tu.*
›	Thousand.
›	*Mille.*
›	Trousers.
›	*Culotte.*
›	Trout
›	*Truite.*

PRONONCEZ

Comme oui.	Comme ouaï (*).
To acquit.	Esquire.
Acquitter.	*Ecuyer.*
Cuirass.	To enquire.
Cuirasse.	*S'informer.*
Ennui.	Inquiry.
Ennui	*Renseignement.*
To equip.	Quite.
Équiper.	*Tout-a fait.*
Equity.	Quiet.
Equité.	*Tranquille.*
Fatuity.	Quire of paper.
Fatuité.	*Main-de-papier.*
Fluid.	To require.
Fluide.	*Exiger.*
Jesuit.	Tosquire.
Jesuite.	*Conduire.*
Inquisitive.	›
Curieux.	

PRONONCEZ

Comme oui.	Comme ouaï.
Liquid.	›
Liquide.	›
Puissant.	›
Puissant.	›
Quick.	›
Prompt.	›
Quill.	»
Plume non taillée.	»
Quits.	»
Quitte.	»
Requite.	»
Rembourser.	»
To ruin.	›
Ruiner.	»
Squib.	›
Fusée.	»
To squint.	»
Loucher.	»
Tuition.	»
Enseignement.	»

(*) Fesant *oui* long et *i* bref.

| PRONONCEZ | | PRONONCEZ | | PRONONCEZ | |
Comme *ou* (*).	Comme *gaï.*	Comme *ou.*	Comme *guï.*	Comme dans *guï* français.	
Bruise.	Guide	Law suit.	»	Guild. hall.	Builder.
Écorchure.	*Guide.*	*Procès.*	»	*Maison de ville.*	*Bâtisseur.*
Fruit.	To disguise.	Suitable.	»	Guilt.	To build.
Fruit.	*Déguiser.*	*Qui convient.*	»	*Culpabilité.*	*Bâtir.*
To cruise.	»	Suitor.	»	Building.	
Croiser, en mer.	»	*Aman.*	»	*Édifice.*	
To suit.	»				
Aller bien.	»				

(*) Observez bien que l'*i* s'élide entièrement, prononcez donc *tou brouse*, *frout* etc.

DU *GH*.

Gh se supprime entièrement dans les mots contenus dans le cadre ci-dessous :

To aligth (*).	Délightful.	To frighten.	Light.	He aught.	Thoroughly.
Mettre pied à terre.	*Délicieux.*	*Épouvanter.*	*Lumière.*	*Il devrait.*	*A fond.*
Altdough.	Dough.	Frightful.	Lightening.	Plight.	Through.
Quoique.	*Pâte.*	*Éffrayant.*	*Eclair.*	*État.*	*A travers.*
Borough.	Fight.	Haughty.	He might.	Plough.	Tight.
Bourg.	*Combat.*	*Hier.*	*Il pourrait.*	*Charrue.*	*Sérré, géné.*
To blight.	Flight.	Tigh.	Mighty.	Right.	Taught.
Blaser.	*Fuite.*	*Haut*	*Puissant.*	*Bien (adverbe).*	Part. de *to teach.*
Bright.	Fought.	Night.	Naughty.	Sight.	»
Luisant.	Part. de *to fight.*	*Hauteur.*	*Méchant.*	*Vue.*	»
Daughter.	Fraught.	To enveigh.	Neighbour.	Thought.	»
Fille.	*Rempli.*	*Se déchaîner.*	*Voisin.*	*Pensée.*	»
Delight.	Fright.	Knight.	Night.	Thought.	»
Délices	*Frayeur.*	*Chevalier.*	*Nuit.*	Part. de *to think.*	»

(*) Voyez 5me leçon, dans laquelle il a été dit que *i* devant *gh* se prononce *aï*. — Observez que le *t* final se fait sentir; prononcez donc *tou allaïti*, *te faïtt*, etc.

Prononcez le *gh* comme *ff* dans:

Cough.	*Coff.*
Toux.	
Draught.	*Dráfft.*
Gorgée.	
Draughts.	*Dráff.*
Jeu de dames.	
Enough.	*Enóff.*
Assez.	
To laugh.	*Te láff.*
Rire.	
Roughness.	*Röffness*
Rudesse.	
Tough.	*Toff.*
Endurci.	

EFFETS DE L'*E* MUET SUR LA VOYELLE QUI PRÉCÈDE.

A		I	
PRONONCEZ		PRONONCEZ	
a	*é*	*i*	*ai*
Babble.	Babe.	Din.	To dine.
Babiller.	*Nouveau-né.*	*Bruit.*	*Diner.*
Ban.	Bane.	Fin.	Fine.
Ban.	*Peste, poison.*	*Nageoire.*	*Fin, beau.*
Bar.	Bare.	Fit for.	Fire.
Barre.	*Nu.*	*Propre à.*	*Feu.*
Bat.	Rate.	Hid.	Hide.
Battoir.	*Rabattre.*	*Caché.*	*Peau.*
Bass.	Base.	Pill.	Pile.
Basse.	*Base.*	*Pilule.*	*Pile.*
Back.	To bake.	Rid of.	To ride.
Dos.	*Cuire au four.*	*Délivré de.*	*Monter à cheval.*
He can.	Cane.	To rip.	Ripe.
Il peut,	*Cane.*	*Déchirer.*	*Mur.*
Cart.	Care.	Mill.	Pile.
Charette.	*Soucis.*	*Moulin.*	*Pile.*
Dart.	To dare.	Quits.	Quite.
Dart.	*Défier.*	*Quite.*	*Tout-a-fait.*
Fate.	Fate.	Sick.	Side.
Gras.	*Destinée.*	*Malade.*	*Côté.*
Dard.	Hare.	Tid.	Tide.
Dur.	*Lièvre.*	*Délicat.*	*Marée.*

U		O	
PRONONCEZ		**PRONONCEZ**	
ue	*iöu*	*o*	*ó*
He must.	Muse.	Dot.	To dote.
Il doit.	*Muse.*	*Un point.*	*Chérir.*
Mrumur.	Dumb	To hop.	To hope.
Murmure.	*Muet.*	*Sauter.*	*Espérer.*
Just.	Juicie.	Not.	Note.
Juste.	*Jus.*	*Ne pas.*	*Billet.*
Us.	Usage.	To rob.	Robe.
Nous.	*Usage.*	*Voler.*	*Tunique.*
Tub.	Tube.	Ton.	Tone.
Cuve.	*Tube.*	*200 livres pesant.*	*Son de voix.*
Tun.	Tune.	Poll.	Pole.
Tonneau.	*Air de musique.*	*Liste d'électeurs.*	*Pôle.*

VOCABULAIRE DES MOTS LES PLUS USITÉS.

Chaque mot anglais est suivi de la manière de le prononcer.

NOTES (*).

1. Prononcez invariablement les consonnes finales très fortement, comme si elles étaient doubles.

2. *E* dans les finales des mots en *er*, *en*, *ed*, est toujours muet.

3. *I* dans les finales *ing* sonne comme en français, *inn*, et le *g* se fait un peu sentir.

4. *Oy* se prononce comme *oï*.

5. Dans *es* (finale du pluriel) *e* est aigu.

JOURS.			MOIS.		
Lundi.	*Monday.*	Monndé.	Janvier.	*January.*	Djanuaré.
Mardi.	*Tuesday.*	Tiousdé.	Février.	*February.*	Fébruaré.
Mercredi.	*Wednesday.*	Ouénnsdé.	Mars.	*March.*	Martch.
Jeudi.	*Thursday.*	Theursdé.	Avril.	*April.*	Épril.
Vendredi.	*Friday.*	Fraïdé.	Mai.	*May.*	Mé.
Samedi.	*Saturday.*	Sateurdé.	Juin.	*June.*	Djiounn
Dimanche.	*Sunday.*	Seunndé.	Juillet.	*July.*	Djulaï.

(*) *N. B.* — Les numéros qu'on trouvera après les mots du Vocabulaire, se rapportent respectivement à ces notes.

Français	English	Prononciation
Août.	*August.*	Augueust.
Septembre.	*September.*	Septimber.
Octobre.	*October.*	October.
Novembre.	*November.*	Novimber.
Décembre.	*December.*	Decimber.

SAISONS.

Français	English	Prononciation
Le printemps.	*The spring.*	The spring (3).
L'été.	*The summer.*	The seummer.
L'automne.	*The autumn.*	The auteumue.
L'hiver.	*The winter.*	The ouïonter.

ÉLÉMENS.

Français	English	Prononciation
Le feu.	*The fire.*	Faïre.
L'eau.	*The water.*	Ouàter.
La terre.	*The earth.*	Erth (muet).
L'air.	*The air.*	Air.

DU MANGER.

Français	English	Prononciation
Le déjeûner.	*The breakfast.*	Brecqfastt.
Le dîner.	*The dinner.*	Diner.
Le souper.	*The supper.*	Seupper.
Du pain.	*Some bread.*	Somm bréd.
De la croute	*Some crust.*	— creust.
De la mie.	*Some crumb.*	— creumm.
Du beurre.	*Some butter.*	— beutter.

Français	English	Prononciation
De la viande.	*Some meat.*	Somm mit.
Du rôti.	*Some roastmeat.*	— rostt mitt.
Du bouilli.	*Some boiledmeat.*	— boïled mit.
Du bœuf.	*Some beef.*	— bîf.
Du veau.	*Some veal.*	— vîl.
Du mouton.	*Some mutton.*	— meuttonn.
Du porc.	*Some pork.*	— porcq.
Du lard.	*Some bacon.*	— béconn.
Du gras.	*Some fat.*	— fat.
Du maigre.	*Some lean.*	— linn.
Une poularde.	*A fowl.*	É faönl.
Un poulet.	*A chicken.*	É tchikin.
Des pigeons.	*Some pigeons.*	É pidgeonns.
Un chapon.	*A capon.*	É képonn.
Un dindon.	*A turkey.*	É teurké.
Du gibier.	*Some game.*	Some goémm.
Un lièvre.	*A hare.*	É hére.
Des perdrix.	*Some partridges.*	Some partridgés.
Un faisan.	*A pheasant.*	É phésaont.
Une bécasse.	*A woodcock.*	É oudcocq.
Une bécassine.	*A snipe.*	É snaïpe.
Une oie.	*A goose.*	É gouss.
Un canard.	*A duck.*	É deucq.
Du poisson.	*Some fish.*	Some fich.
Une morue.	*A cod fish.*	É cod fish.
Du saumon.	*Some salmon.*	Some samon.

Des huîtres.	*Some oïster.*	Some oïsster *muet*
Un turbot.	*A Turbot.*	É teurbott.
Un merlan.	*A whiting.*	É ouaïtingg.
Une sole.	*A sole.*	É sole.
Un maquereau.	*A mackerel.*	É macquuell.
Uu hareng.	*A Herring.*	É herringg.
Une anguille.	*An eel.*	En il.
Un brochet.	*A pike.*	É païque.
Une plie.	*A plaice.*	É plaice.
Une truite	*A trout.*	É traöutt.
Une tortue.	*A turtle.*	É teurtell.
Des choux.	*Some cabbage.*	Cabbedge.
Des navets.	*Turnips.*	Teurneps.
Des carrottes. (re	*Carrots.*	Carotts.
Des pommes de ter	*Potatoes.*	Petaïtos.
Des artichauts	*Artichokes.*	Artitochcqs.
Des asperges.	*Asparagus.*	Éusparaguus.
Des pois.	*Peas.*	Pîsc.
De la chicorée.	*Succory.*	Succoré.
Des laitues.	*Lettuces.*	Letteuces (5).
Du céleri.	*Celery.*	Céleré.
Une pomme.	*An apple.*	En apple.
Une poire.	*A pear.*	É pere.
Une orange.	*An orange.*	Eon orennge.
Un citron.	*A lemon.*	É lémonu.
Un abricot.	*An apricot.*	Enn épricott.

Une pêche.	*A peach.*	É pîtch.
Une olive.	*An olive.*	Eon oliv.
Une cerise.	*A cherry.*	É tchérré.
Des groseilles.	*Goosberries.*	Goussbéress (5).
Des fraises.	*Strawberries.*	Stràbérress (5).
Des framboises.	*Rasberries.*	Rassbérress (5).
Des noix.	*Walnuts.*	Ouàlneutls.
Du raisin.	*Grapes.*	Grépes.
Des chatàignes.	*Chesnuts.*	Tchessneuts.

DE LA BOISSON.

Du vin.	*Wine.*	Ouaïnn.
De la bière.	*Beer.*	Bîr.
Du cidre.	*Cider.*	Saïder.
De l'eau.	*Water.*	Ouàter.
Du thé.	*Tea.*	Ti.
Du café.	*Coffee.*	Coffi.
Du chocolat.	*Chocolate.*	Tchocolètt.

DU REPAS.

La nappe.	*Table cloth.*	Tébble cloth.
Un plat.	*A dish.*	É dich.
Une assiette.	*A plate.*	É pléte.
Un couteau.	*A knife.*	É naïff.
Une cuiller.	*A spoon.*	É spounn.
Une fourchette.	*A fork.*	É forcq.

Du sel.	*Salt.*	Soltt.
Une salière.	*A saltcellar.*	Soltt séllar.
De la moutarde.	*Mustard.*	Moustardd.
Le moutardier.	*Mustard pot.*	Moustard pott.
Du poivre.	*Pepper.*	Pépper.
Le poivrier.	*Pepperbox.*	Pépper box.
La carafe.	*The decanter*	Thè décanter.
Du vinaigre.	*Vinegar.*	Vineguer (2).
Le vinaigrier.	*Vinegar cruet.*	Vinéguer crouétt.
Un verre.	*Glass.*	Glass.
Un verre à vin.	*Wine glass.*	Ouaïn glass.
Un verre de vin.	*A glass of wine.*	Glass of ouaïn.

DE CE QU'ON VOIT DANS UNE CHAMBRE.

Un lit.	*Bed.*	Bèdd.
Un matelat.	*Mattress.*	Matress.
Des draps.	*Sheets.*	Shits.
Une couverture.	*Blanket.*	Blanquett.
Des rideaux.	*Curtains.*	Queurtenns.
Une chaise.	*Chair.*	Tchér.
Un tapis.	*Carpet.*	Carpett.
Un miroir.	*Looking glass(*).*	Louking glas.
Une caisse.	*Chest.*	Tchestt.

Une armoire.	*Chest of drawers.*	Tchest of drâres.
Un tableau.	*Picture.*	Picqtcheure.
Une chandelle.	*Candle.*	Canndle.
Un chandelier.	*Candlestick.*	Canndlesticq.
Des mouchettes.	*Snuffers.*	Sneuffers.
La commode.	*The drawers.*	Drâers.
Le pot à l'eau.	*Water jug.*	Ouâterdjeugg.
Un bassin.	*A basin.*	Béissinn.
Un essuie-main.	*Towel.*	Taöuell.
Un livre	*Book.*	Boucq.
Du papier.	*Paper.*	Péper.
De l'encre.	*Ink.*	Inncq.
Une écritoire.	*Inkstand.*	Inncq stanndd.
Des plumes.	*Pens.*	Pénns.
Un canif.	*Penknife.*	Penn-naïf.
Cire à cacheter.	*Sealingwax.*	Siling ouaxe.
Pains à cacheter.	*Wafers.*	Ouéfer.
Un cachet.	*Seal.*	Sil.

PARTIES DU CORPS.

Le corps.	*Body.*	Bodé.
Le sang.	*Blood.*	Bleudd.
La peau.	*Skin.*	Skinn.

(*) Ne pas oublier d'adjouter l'article *un, a* devant consonne, et *an* devant voyalle.

Les os.	*Bones.*	Bônes.	La main.	*Hand.*	Hannd (**).
La moëlle.	*Marrow.*	Marró.	Le pouce.	*Tumb.*	Theumbb.
Les veines.	*Veins.*	Vénns.	Les doigts.	*Fingers.*	Finngueurs.
Le poul.	*Pulse.*	Peulse.	Les doigts du pied.	*The toes.*	Thi tôs.
Les nerfs.	*Nerves.*	Nerves (*).	Le sein.	*Bosom.*	Bouzomm.
La tête.	*Head.*	Héd.	Le cœur.	*Heart.*	Hartt.
Le front.	*Forehead.*	Forehéd.	Le dos.	*Back.*	Bacq.
Le visage.	*Face.*	Féce.	Le ventre.	*Belly.*	Bellé.
Les yeux.	*Eyes.*	Aïes.	Le côté.	*Side.*	Saïde.
Les paupières.	*Eyelids,*	Aï léds.	La ceinture.	*Waist.*	Ouest.
Les sourcils.	*Eyebrows.*	Aï Braous.	La hanche.	*Hip.*	Hip.
Le nez.	*Nose.*	Nôse.	La cuisse.	*Tigh.*	Thaï.
Les oreilles.	*Ears.*	îrs.	Le genoux.	*Knee.*	Nî.
La bouche.	*Mouth.*	Maöuth.	La jambe.	*Leg.*	Légg
Les lèvres.	*Lips.*	Lipss.	Le pied.	*Foot.*	Foutt.
La langue.	*Tongue.*	Tongg.	Le talon.	*Heel.*	Hîl.
Les dents.	*Teeth.*	Tîth.			
Les joues.	*Checks.*	Tchlcqs.		**DU VÊTEMENT.**	
Le menton.	*Chin.*	Tchinn.	Un chapeau.	*Hat.*	Hatt.
La gorge.	*Throat.*	Throt.	Un habit.	*Coat.*	Côtt.
Le cou.	*Neck.*	Necq.	Un gilet.	*Waistcoat.*	Ouest-côtt.
L'épaule.	*Shaulder.*	Cholder.	Une culotte.	*Breeches.*	Brîtchess (5).
Le bras.	*Arm.*	Arme.	Un pantalon.	*Pantaloon.*	Pantaloun.

(*) Dans *nerves* le premier e est muet ; pour le second, voyez nota 2 du *Vocabulaire*.

(**) L'*h* est aspiré du *Vocabulaire*.

Un bas.	*Stockings.*	Stockinns.	Frère.	*Brother.*	Brother (*).
Des souliers.	*Shoes.*	Shouss.	Sœur.	*Sister.*	Sister.
Des boucles.	*Buckles.*	Beuckles.	Fils.	*Son.*	Sonn.
Des bottes.	*Boots.*	Boutss.	Fille.	*Daughter.*	Dâter.
Un ruban.	*Ribbon.*	Ribann.	Petit-fils.	*Grand son.*	Grandd sonn.
Un collier.	*Necklace.*	Necqless.	Petite-fille	*Grand daughter.*	Grandd dâter.
Pendant d'oreilles.	*Earrings.*	Irrings	Parrain.	*God father.*	Godd father.
Une robe.	*Gown.*	Gaoön.	Marraine.	*God mother.*	Godd mather.
Une robe.	*Petticoat.*	Petticòt.	Filleul.	*God son.*	Godd sonn.
Une jupe.	*Apron.*	Eipronn.	Filleule.	*God daughter.*	Godd dàter.
Une montre.	*Watch.*	Ouattche.	Époux.	*Husband.*	Heusbandd.
Des gants.	*Gloves.*	Gleuves.	Épouse.	*Wife.*	Ouaïf.
Un mouchoir.	*Undkerchief.*	Handkirtchef.	Oncle.	*Uncle.*	Euncle.
Un parapluie.	*Umbrella.*	Unmbrella.	Tante.	*Aunt.*	Annt.
Un manchon.	*Muff.*	Meuff.	Neveu.	*Nephew.*	Néviou.
			Nièce.	*Niece.*	N'ce.
			Cousin-ne.	*Cousin.*	Cosinn.

DEGRÉS DE PARENTÉ.

Père.	*Father.*	Father.
Mère.	*Mother.*	Mather (*).
Grand-père.	*Grand father.*	Grandd father.
Grand mère.	*Grand mother.*	Grandd mather.
Beau-père.	*Father in law.*	Father inn là.
Belle-mère.	*Mother in law.*	Mâther inn là.

MÉTIERS.

Boucher.	*Butcher.*	Beuttcher (**).
Barbier.	*Barber.*	Barber.
Boulanger.	*Baker.*	Béquer.
Brasseur.	*Brewer.*	Brouer.

(*) Dans les mots *mother* et *brother* j'ai représenté l'o par à parcequ'il en approche beaucoup, c'est presque le son de *a* dans *armée*.

(**) N'oublions pas que *e* est muet dans *er*.

Carrossier.	*Coach maker.*	Còtch méquer.	Sellier.	*Sadler.*	Saddler.
Chapelier.	*Hatter.*	Hattter.	Serrurier.	*Lock smith.*	Locq smith.
Charpentier.	*Carpenter.*	Carpennter.	Tailleur.	*Taylor.*	Teilor.
Cocher.	*Coachman.*	Còtchmann.	Tanneur.	*Tanner.*	Tanneur.
Cordier.	*Rope maker.*	Ròpe méquer	Tapissier.	*Upholsterer.*	Upolsterer.
Cordonnier.	*Schoe maker.*	Chou méquer.	Teinturier.	*Dyer.*	Daïer.
Coutelier.	*Cutler.*	Queuttler.	Tisserand.	*Weaver.*	Ouiver
Cuisinier.	*Cook.*	Coucq.	Tonnelier.	*Cooper.*	Couper.
Doreur.	*Gilter.*	Guilder.	Tourneur.	*Turner.*	Teurner.
Drapier.	*Draper.*	Dréiper.	Vitrier.	*Glazier.*	Glézier.
Épicier.	*Grocer.*	Grocer.			
Forgeron.	*Black smith.*	Blacq smith.			

NOMS DES CHOSES LES PLUS USITÉES.

Horloger.	*Watchmaker.*	Ouâtch méquer.	Avarice.	*Covetuousness.*	Covétcheuseness.
Jardinier.	*Gardener.*	Gardner.	Amertume.	*Bitterness.*	Bitterness.
Imprimeur.	*Printer.*	Printer.	Adresse.	*Skilfulness.*	Squilfoulness.
Joaillier	*Jeweler.*	Djoueller.	Adresse.	*Direction.*	Directchon.
Laboureur.	*Plough man.*	Plaöu mann.	Attrait.	*Charm.*	Tcharm.
Librairie.	*Bookseller.*	Boucq seller.	Bagatelle.	*Trifle.*	Traïfle.
Maçon.	*Bricklayer.*	Bricq laïer.	Bateau.	*Boat.*	Bôt.
Meunier.	*Miller.*	Miller.	Bataille.	*Battle.*	Battle.
Orfèvre.	*Gold smith.*	Gôld smitd	Bâton.	*Stick.*	Sticq.
Patissier.	*Pastrycook.*	Pèstré coucq.	Bonté.	*Goodness.*	Gouddness.
Peintre.	*Painter.*	Peinter.	Bordure.	*Frame.*	Fréme.
Perruquier.	*Hairdresser.*	Hèr dresser.	Boue.	*Mug.*	Meud.
Relieur.	*Book binder.*	Boucq baïnder.	Brouillard.	*Fog.*	Fogg.
Savetier.	*Cobler.*	Cobler.	Bruit.	*Noise.*	Noès

Butin.	*Booty.*	Bouté.	Danse.	*Dance.*	Dannce.
Cabinet.	*Closet.*	Closett.	Débat.	*Debate.*	Débéte.
Cachet.	*Seat.*	Sîll.	Débauche.	*Debauchery.*	Débolchéré.
Campagne.	*Country.*	Countré.	Défiance.	*Distrust.*	Distreust.
Caractère.	*Temper.*	Timper.	Délicatesse.	*Delicacy.*	Délicacé.
Certificat.	*Certificate.*	Certifiquéte.	Déluge.	*Flood.*	Fleudd.
Carrosse.	*Coach.*	Côtch.	Dépens.	*Expence.*	Expennce.
Chair.	*Flesh.*	Fléch.	Désir.	*Desire.*	Désaïre.
Chaleur.	*Heat.*	Hît.	Deuil.	*Mourning.*	Mourning.
Chambre.	*Room.*	Roumm	Devoir.	*Duty.*	Dieuté.
Champ.	*Field.*	Fildd.	Disette.	*Want.*	Ouanntt.
Chanson.	*Song.*	Songg.	Domaine.	*Dominion,*	Dominionn.
Charbon.	*Coals.*	Côlss.	Douceur.	*Sweetness.*	Suitness.
Chasse.	*Hunting.*	Heunnting.	Durée.	*Duration.*	Durétionn.
Chaux.	*Lime.*	Laïme.	Eau.	*Water.*	Ouâter.
Chemin.	*Road.*	Rôdd.	École.	*School.*	Scoull.
Chute.	*Fall.*	Fâll.	Ecriture.	*Writing.*	Raïting.
Ciel.	*Heaven.*	Héven.	Eglise.	*Church.*	Tcheurtch.
Cire.	*Wax.*	Ouaxe.	Enigme.	*Riddle.*	Riddle.
Ciseaux.	*Scissors.*	Sizers (muet).	Epine.	*Thorn.*	Thorne.
Cloche.	*Bell.*	Bell.	Epingle.	*Pin.*	Pinn.
Clou.	*Nail.*	Néil.	Epreuve.	*Trial.*	Trïall.
Colère.	*Anger.*	Annguer.	Eperon.	*Spur.*	Speur.
Conduite.	*Conduct.*	Conndeucte.	Espérance.	*Hope.*	Hôpe.
Confiance.	*Konfidence.*	Connfidennce.	Espion.	*Spy*	Spaï.
Cuivre.	*Copper.*	Copper.	Esquisse	*Sketch.*	Squettche.

Etat.	*State.*	Stéte.	Force.	*Strength.*	Strength.
Etoile.	*Star.*	Star.	Foule.	*Crowd*	Craöude.
Etude.	*Study.*	Studé.	Fromage.	*Cheese.*	Tchîse.
Faim.	*Hunger.* -	Heunguer (*aspiré*)	Fumée.	*Smoke.*	Smoque.
Famille.	*Family.*	Famelé.	Fureur.	*Fury.*	Fieuré.
Faute.	*Fault.*	Föull.	Gâteau.	*Cake.*	Quéqué.
Femme.	*Woman* (*).	Oumen.	Gazon.	*Turf.*	Teurff.
Fenêtre.	*Window.*	Ouindô.	Gelée.	*Frost.*	Frostt.
Fer.	*Iron.*	Aïronn.	Glace.	*Ice.*	Aïce.
Fermeté.	*Firmness* (**).	Fermness.	Gloire.	*Glory.*	Gloré.
Feu.	*Fire.*	Faïre.	Goût.	*Taste.*	Teste.
Feuille.	*Leaf.*	Liff.	Graine.	*Seed.*	Cidd.
Fidélité.	*Faithfulness.*	Fèthfoulness.	Grandeur.	*Greatness.*	Griéttness.
Fièvre.	*Fever.*	Fiver.	Guerre.	*War.*	Ouârr.
Flèche.	*Arrow.*	Arô.	Guide.	*Guide.*	Gaïdd.
Fleur.	*Flower.*	Flaöuer.	Haine.	*Hatred.*	Héitredd.
Fleuve.	*River.*	River.	Haleine.	*Breath.*	Brèth.
Foi.	*Faith.*	Faith.	Hardiesse.	*Boldness.*	Bôldness.
Fois.	*Time.*	Taïmm.	Herbe.	*Grass.*	Grass.
Foie.	*Liver.*	Liver.	Hommes.	*Men.*	Menn.
Faiblesse.	*Weakness.*	Ouïckness.	Honneur.	*Honour.*	Honor.
Foin.	*Hay.*	Héi (aspiré).	Honte.	*Shame.*	Shéme.

(*) Dans *woman* a se prononce comme e muet.

(**) I sonne comme e muet dans le mot *firmness*.

Horloge.	*Clock.*	Clocq.	Mouvement.	*Motion.*	Mochonn.
Idée.	*Idea.*	Aïdia.	Matin.	*Morning.*	Morninng.
Impôt.	*Tax.*	Tacxe.	Mur.	*Wall.*	Ouâll.
Injure.	*Injury.*	Inndjeuré.	Naissance.	*Birth.*	Berth (*muet*).
Jour.	*Day.*	Déï.	Neige.	*Snow.*	Snô.
Juge.	*Judge.*	Djudge.	Nid.	*Nest.*	Nestt.
Justesse.	*Exactness.*	Execttness.	Nuit.	*Night.*	Nâïtt.
Lait.	*Milk.*	Milcq.	Oiseau.	*Bird.*	Berd *(muet)*.
Langue.	*Tongue.*	Tongue.	Ombre.	*Shadow.*	Shadô.
Lecture.	*Reading.*	Riding	Ongle.	*Nail.*	Néïl.
Lettre.	*Letter.*	Letter.	Ordre.	*Order.*	Order.
Lien.	*Tie.*	Taï.	Orge.	*Barley.*	Barlé.
Lieu.	*Place.*	Pléce.	Orgueil.	*Pride.*	Praïdd.
Lune.	*Moon.*	Mounn.	Orient	*East.*	Istt.
Lunettes.	*Spectacles.*	Spectacle.	Occident.	*Wist.*	Ouestt (*).
Luxe.	*Luxury.*	Leutcheuré.	Paille.	*Straw.*	Strà.
Maître.	*Master.*	Master.	Paysage.	*Land cape.*	Lanndscépp.
Maladie.	*Illness.*	Ilness.	Paix.	*Peace.*	Pice.
Malheur.	*Misfortune.*	Misfortcheun.	Palais.	*Palace.*	Paléce.
Mer.	*Sea.*	Sî.	Panier.	*Basket.*	Basquett.
Mois.	*Month.*	Monnth.	Peigne.	*Comb.*	Cômb.
Moisson.	*Harvests* (*).	Harvest.	Perfidie.	*Treachery.*	Tricheré.
Moulin.	*Mill.*	Mitt *(très bref)*.	Perte.	*Loss.*	Lôss.
Repas	*Meal.*	Mîl.	Peuple.	*People.*	Pîple.

*) *Est* final se prononce toujours très fortement.

Pierre.	*Stone.*	Stone.	Reproche.	*Reproach.*	Réprotche.
Pillage.	*Plunder.*	Pleunder.	Rêve.	*Dream.*	Drîmm.
Pitié.	*Pity.*	Pité.	Ronce.	*Bramble.*	Bramble.
Plomb.	*Lead.*	Lédd.	Roue.	*Wheel.*	Ouîl.
Pluie.	*Rain.*	Réiun.	Sac.	*Bag.*	Bague.
Plume.	*Pen.*	Pénn.	Savon.	*Soap.*	Sôpp.
Poche.	*Pocket.*	Poquett.	Serment.	*Oath.*	Oth.
Poids.	*Weight.*	Ouett.	Serrure.	*Lock.*	Locq.
Pont.	*Bridge.*	Bridge.	Soir.	*Evening.*	îvening.
Porte.	*Door.*	Dor.	Sort.	*Fate.*	Fétt.
Poudre.	*Powder.*	Paöuder.	Soumission.	*Submission.*	Submichoun.
Pré.	*Meadow.*	Médô.	Souris.	*Mouse.*	Maöus.
Presage.	*Omen.*	Omenn (*aigu*)	Sourire	*Smile.*	Smaïle.
Présent.	*Present.*	Présennt.	Suffrage.	*Vote.*	Vôte.
Prix.	*Price.*	Praïce.	Tabac.	*Snuff.*	Smeuff.
Progrès.	*Progress.*	Progress.	Tabac à fumer.	*Tobacco.*	Tobacco.
Pudeur.	*Modesty.*	Modesté.	Tache.	*Blot.*	Blott.
Peste.	*Plague.*	Plégue.	Témérité.	*Rashness.*	Rachness.
Raison.	*Reason.*	Risoun.	Titre.	*Title.*	Taïtle.
Rasoir.	*Rasor.*	Réïser (*).	Travail.	*Work.*	Ouorcq.
Ravage.	*Havock.*	Havocq.	Tristesse.	*Sadness.*	Sadness.
Rayon.	*Ray.*	Réï (*).	Trou.	*Hole.*	Hôle.
Règle.	*Rule.*	Roule.	Troupe	*Troop.*	Troupp.
Réponse.	*Answer.*	Annser.	Troupeau.	*Flock.*	Flocq.

(*) Observez bien de ne pas appuyer sur *i*, mais sur *e*.

Lent.	Slow.	Slô.
Mal.	Bad.	Badd.
Mauvais.	Bad.	Badd.
Méchant.	Wicked.	Ouicquétt.
Méprisable.	Contemptible.	Contemptibel.
Nécessaire.	Necessary.	Nécésséré.
Net.	Clean.	Clînn.
Noir.	Black.	Blacq.
Nombreux.	Numerous.	Numéreus.
Neuf.	New.	Niou.
Nouveau.	New.	Niou.
Nuisible.	Hurtful.	Heurttfoull.
Obéissant.	Obedient.	Obédienntt.
Odieux.	Odious.	Odieus.
Orageux.	Stsormy.	Stormé.
Ordinaire.	Usual.	Couaïett.
Parfait.	Perfect.	Perfecqtt.
Perfide.	Perfidious.	Perfidieus.
Périlleux.	Perilous.	Perilleus.
Pesant.	Heavy.	Hévé.
Petit.	Little, peu.	Little.
Pieux.	Pious.	Païeus.
Plaintif.	Mournful.	Mornefoul.
Plein.	Full.	Foull.
Poli.	Civil.	Civil.
Profond.	Deep.	Dîp.

Prodigue.	Prodigal.	Prodigal.
Réel.	Real.	Riell.
Régulier.	Regular.	Régueular.
Respectueux.	Respectful.	Respectfoul.
Rêveur.	Thoughtful.	Thotfoul.
Rare.	Scarce,	Scairce.
Sage.	Wise.	Ouaïse.
Saint.	Holy.	Hôlé.
Sain.	Wholesome.	ôlesomm.
Sec.	Dry.	Draï.
Sérieux.	Serious.	Sérieuss.
Superflu.	Superfluous.	Superfleueuss.
Tel.	Such.	Seutch.
Tout.	All.	àll.
Téméraire.	Rash.	Rach.
Timide.	Fearful.	Firfoul.
Tranquille.	Quiet.	Couaïett.
Triste.	Sad.	Sadd.
Vert.	Green.	Grînn.
Véritable.	True.	Trou.
Vieux.	Old.	Oldd.
Vertueux.	Virtuous,	Virtchuenss.
Voluptueux.	Voluptuous.	Voleuptchoueuss.
Vrai.	True.	Trou.
Utile.	Useful.	Iousefoul.
Unanime.	Unanimous.	Eunanimmeuss.

FIN.

PARIS.—Imp. Malde et Renou, r. Bailleul, 9.

COURS DE LANGUES
ESPAGNOLE ET FRANÇAISE.

Ouvrages destinés à enseigner ces deux langues, d'après une méthode particulière, très recommandée par la
Société des méthodes d'enseignement,

COMPOSÉS
PAR
M. B. SOTOS OCHANDO

Ancien député aux Cortes, professeur d'espagnol de LL. AA. RR. les Princes et les Princesses de la Famille royale de France,
membre du Conseil de l'Instruction publique d'Espagne, etc.

CONTINUÉS
PAR
M. JULIAN CARRION
Professeur d'espagnol.

A L'USAGE DES FRANÇAIS.		A L'USAGE DES ESPAGNOLS.	
TRADUCTION DE L'ESPAGNOL	5 FR.	TRADUCCION DEL FRANCÉS AL ESPAÑOL	5 FR.
GRAMMAIRE COMPLÈTE ESPAGNOLE-FRANÇAISE	4 »	PRONUNCIACION DEL FRANCÉS	2 «
ABRÉGÉ DE LA GRAMMAIRE	1 50		
COURS DE THÊMES	3 »	GRAMATICA FRANCESA Y ESPAÑOLA, par MM. MARTINEZ	
PRONONCIATION ESPAGNOLE	3 »	LOPEZ et JULIAN CARRION	3 «

PARIS. — Chez M. JULIAN CARRION, rue Bailleul, n. 9, près du Louvre.